Les Agriculteurs

Les Jardiniers

Les Moulins

Les Bucherons

ABÉCÉDAIRE

DES CAMPAGNES,

A L'USAGE

DES PETITES ÉCOLES.

Avec figures.

A PARIS,

Chez P. BLANCHARD et Compie, Libraires pour l'éducation, rue Mazarine, n°. 30,
Et Palais-Royal, galerie de bois, n°. 249,
AU SAGE FRANKLIN.

1810

Nous ne reconnaîtrons pour authentiques que les exemplaires qui porteront notre signature, et nous poursuivrons les contrefacteurs.

J. Blanchard et Cie

A	B
C	D
E	F

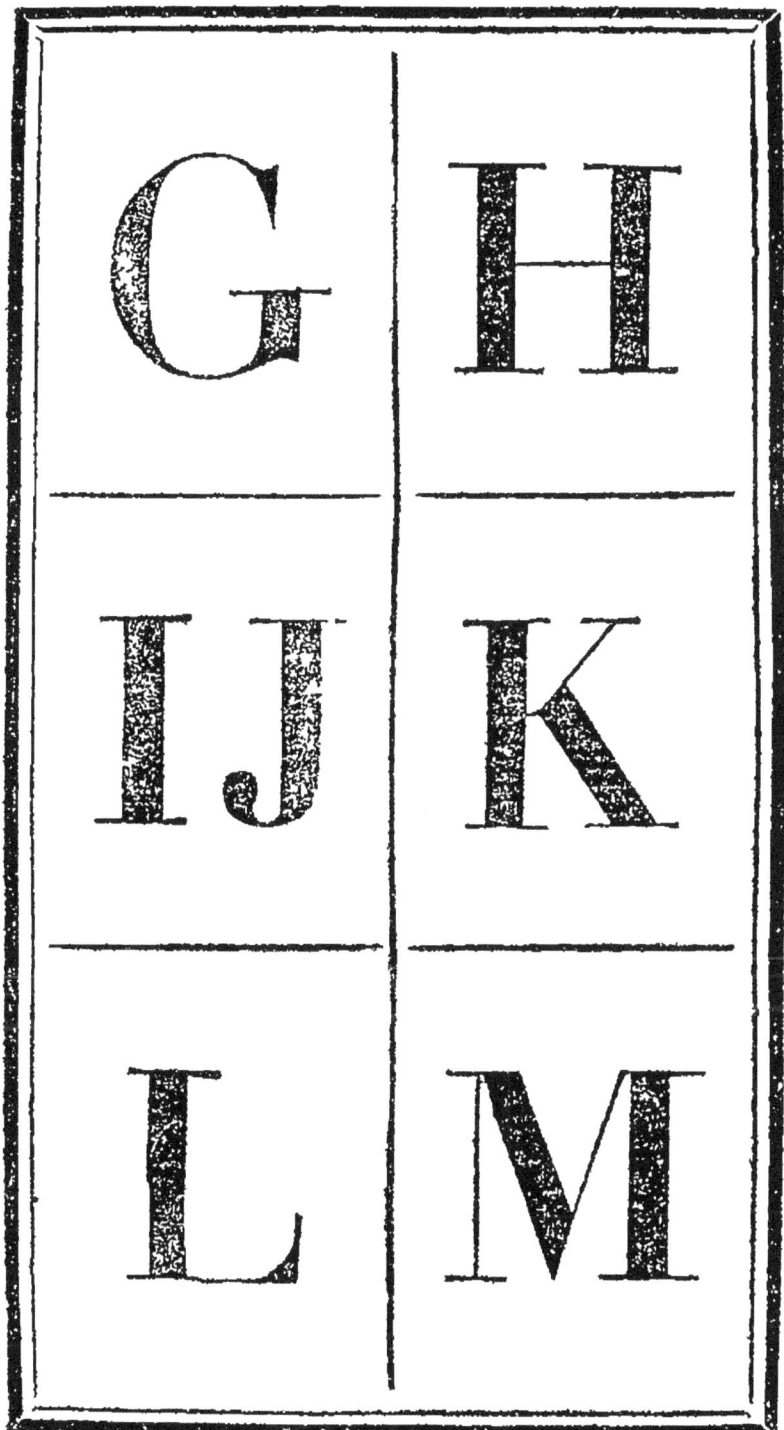

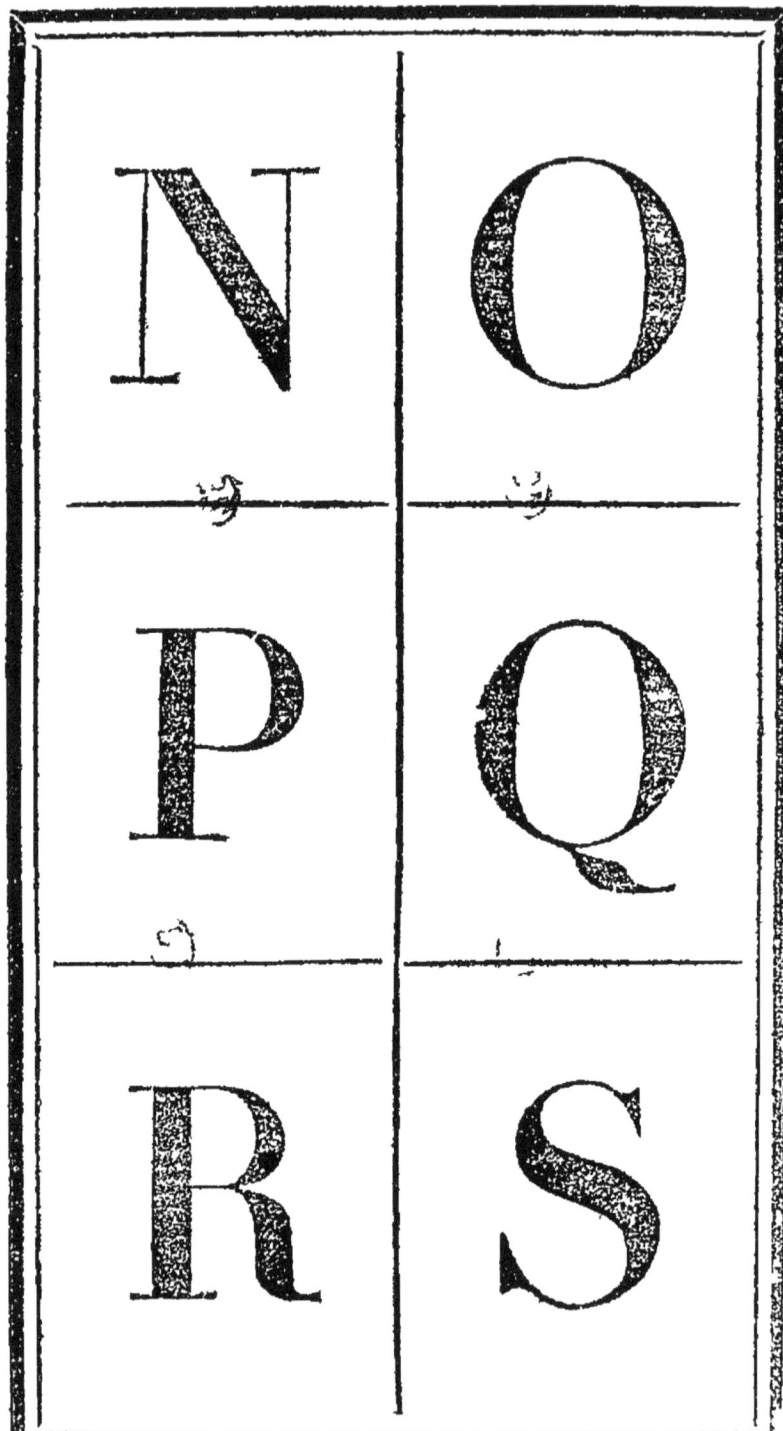

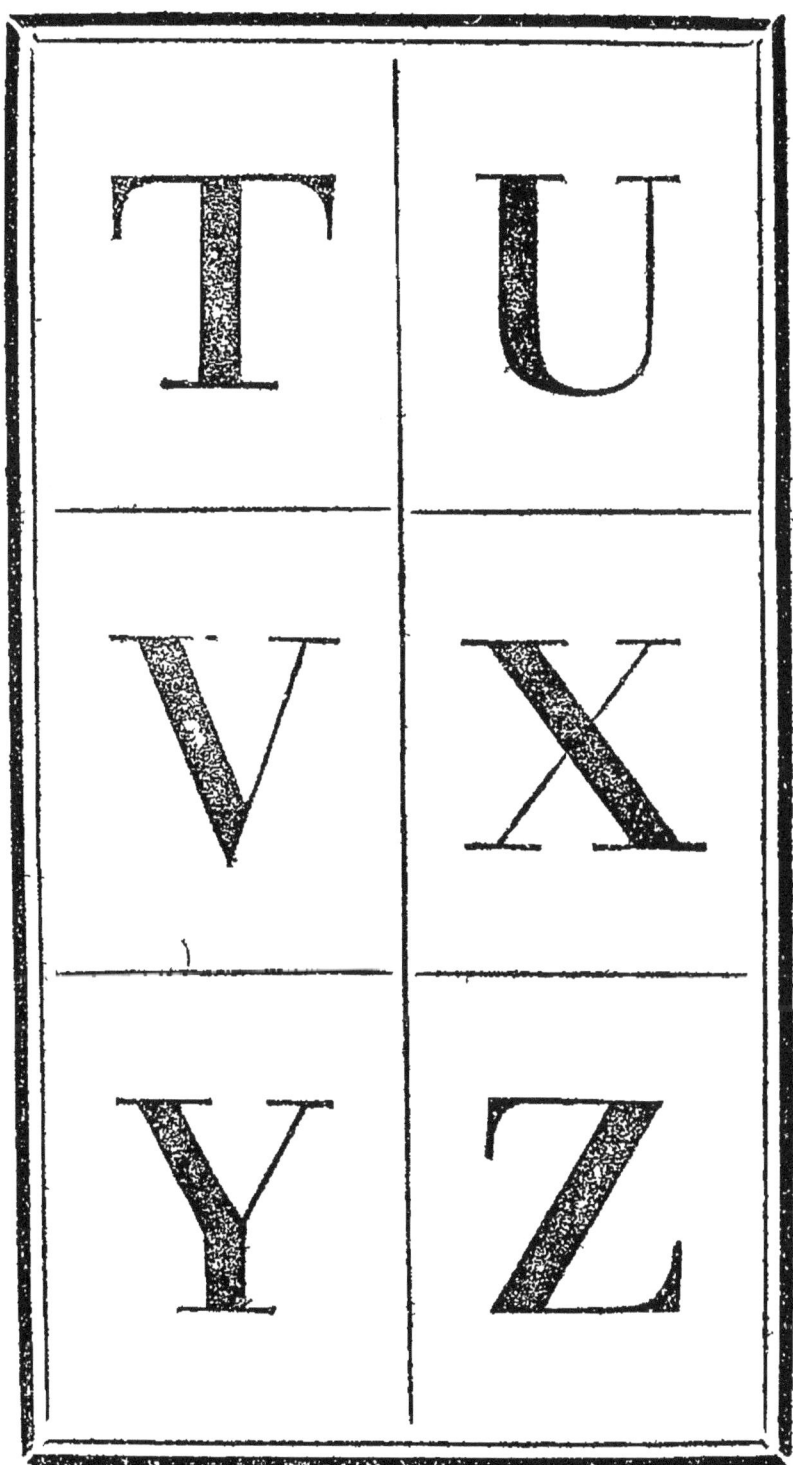

a b c d

e f g h

i j k l

m n o p

q r s t

u v x y z

(8)

a b c d

e f g h

i j k l

m n o p

q r s t

u v x y z.

A B C D

E F G H

I J K L

M N O P

Q R S T

U V X Y Z.

Lettres doubles et liées ensemble.

æ	œ	fi	ffi
fi	ffi	fl	ffl
ff	fb	fl	ff
&t	ft	w	&.
æ	*œ*	*fi*	*ffi*
ſi	*ſſi*	*fl*	*ffl*
ff	*ſb*	*ſl*	*ſſ*
&t	*ſt*	*w*	*&.*

a e i ou y o u

ba be bi bo bu

ca ce ci co cu

da de di do du

fa fe fi fo fu

ga ge gi go gu

ha he hi ho hu

ja je ji jo ju

ka ke ki ko ku

la le li lo lu

ma	me	mi	mo	mu
na	ne	ni	no	nu
pa	pe	pi	po	pu
qua	que	qui	quo	qu
ra	re	ri	ro	ru
sa	se	si	so	su
ta	te	ti	to	tu
va	ve	vi	vo	vu
xa	xe	xi	xo	xu
za	ze	zi	zo	zu

Mots faciles à épeler.

A mi, mi di, jo li, a me, lu ne, ra ve, ca ve.

I ma ge, ro se, ma-da me, mes da mes, ma ro be, mes ro bes.

Mon, ton, son, pas, sel, bec, sec, van, sac, pot, or, cor.

Pa pa, ma man, mon pè re, ma mè re,

pe tit en fant, les pe-
tits en fants.

Vin, bon vin, bon
pain, bel le main, le
pont, la ver du re.

Bien, mien, mien-
ne, le sien, la sien ne,
la nuit, le puits.

Le chat, le chien,
le che val, les che-
vaux, l'â ne, la va-
che, le pe tit veau, le
mou ton.

Mots plus difficiles à épeler.

L'a gneau, le ros si gnol, la gran ge, le flam beau, mon grand pè re.

Moi, loi, le roi, boi re, je bois quand j'ai soif.

Soin, foin, a voi ne, poil, joi e, une oie.

Mon bras, un ar bre, un clou, du drap pour fai re un ha bit.

Rai sin, ma ga sin, ha sard, choi sir, po ser.

Des sus, des sous, pas ser, pous ser.

B 2

Zè le, zig zag, on ze, dou-
ze, le nez, exer ci ce, exa-
men, deu xi ème, les oi seaux,
une per drix.

Moy en, pays, pay san,
ab bay e, les yeux.

Pu ni tion, in ven tion.

Phi lo so phe, Jo seph.

Fil le, quil le, co quil le,
meil leur, oseil le, cueil lir,
vieil lard, vi eil les se.

Feuil le, cer feuil, so leil,
l'œil, un œil let.

Qui, que, quoi, quel que,
le quel, quand, co quin,
co que, queu e, cro quet.

VOYELLES ACCENTUÉES.

Accent aigu (´).

E té, é co le, ré pé té, ai-mé, por té.

Accent grave (`).

Pè re, mè re, suc cès, ac-cès, mi sè re.

Accent circonflexe (^).

Pâ te, pâ té, tê te, mê me, gî te, cô te, cô té, dô me, flû te.

Tréma (¨).

Ha ïr, na ïf, na ï ve, Ca ïn, Si na ï, Sa ül, ci guë, pa ro le am bi guë.

ç cédille.

Gar çon, fa çon, fran çois, le çon, for çat, fa ça de.

LEÇONS A LIRE COURAMMENT.

LES AGRICULTEURS.

Voyez cet homme qui a les deux mains appuyées sur la charrue, et qui, à l'aide de ses bœufs, trace des sillons dans la plaine ; c'est un laboureur. Quand il aura retourné la terre de son champ, il y sèmera du blé, et recouvrira cette précieuse semence avec sa herse.

Le laboureur est l'homme le plus utile de la société : c'est lui qui nous procure le pain qui nous nourrit. Il faut le respecter, à cause du bienfait que nous tenons de lui, et des pénibles travaux qu'il est obligé de supporter.

On a appelé l'AGRICULTURE le *premier des arts*, pour faire entendre que sans elle il n'y en auroit point d'autre.

LES JARDINIERS.

Le jardinier est utile aussi : il fait produire à la terre les légumes et les fruits, qui composent une partie de notre subsistance.

Dieu a permis à l'homme d'améliorer, par son travail, les productions de la nature. Nous trouvons dans les forêts des poires et des pommes sauvages ; mais elles sont petites et aigres : celles de nos jardins sont, au contraire, grosses, odorantes, sucrées et délicieuses au goût. Cette différence vient de la culture : on greffe, on émonde, on soigne les arbres des jardins ; on abandonne à eux mêmes ceux des forêts.

Ceci peut vous servir de leçon, mes

enfants : vous êtes comme les arbres fruitiers ; c'est en vous forçant de cultiver votre jeune raison, que l'on fait de vous des hommes de mérite ; si l'on vous abandonnoit à vous-mêmes, vous ne donneriez que des fruits sauvages, c'est-à-dire que vous seriez grossiers, ignorants et livrés à toutes vos passions.

LES MOULINS.

Voici un moulin que l'eau fait tourner, et là bas j'en vois un autre qui tourne à l'aide du vent.

Ces moulins peuvent donner une idée de l'industrie humaine : combien n'a-t-il pas fallu de combinaisons pour en venir à construire ces machines utiles ! Entrez dans un moulin, quand cela vous sera possible, et voyez tout en détail : la roue mise en mouvement par le vent ou par l'eau ; la roue de pierre qui brise le grain, le tamis qui sépare le son de la farine, enfin tout ce machinisme vraiment admirable.

En sortant de ce moulin, réfléchissez aux peines et aux sueurs qu'il en coûte pour labourer la terre et l'ensemencer, pour recueillir les moissons, pour battre le grain, le vanner, le moudre, pétrir la pâte, la mettre au four ; et connoissez tout le prix du morceau de pain qui vous nourrit.

LES BUCHERONS.

On appelle *bûcheron*, l'homme qui abat des arbres dans une forêt, qui fait des fagots avec les petites branches, qui fend des bûches et équarrit des poutres.

Le bûcheron a beaucoup de mal; il est avant le jour à l'atelier ; il s'y rend de même pendant l'hiver, et quand la neige et la glace crouvrent le bois qu'il doit prendre dans ses mains.

Sa vie est dure et laborieuse ; il gagne peu, et ce peu doit lui suffire pour nourrir sa famille, qui est ordinairement nombreuse.

LES BERGERS.

L'ECRITURE sainte et les histoires anciennes représentent les premiers hommes comme des pasteurs qui conduisoient de grands troupeaux dans les meilleurs pâturages, et se nourrissoient de leur chair et de leur lait. Le premier soin de l'homme dut être en effet de s'approprier les avantages que quelques animaux lui offroient. La brebis, douce et timide, ne fut pas difficile à réduire en esclave : elle donna son lait et sa toison ; elle nour-

rit et habilla l'homme ; elle donna même sa vie : sa chair fut trouvée excellente, et sa peau ne resta pas inutile. Le bœuf, armé de cornes, fut plus difficile à apprivoiser; il céda cependant, et rendit des services immenses : voyez-le dans nos champs, il laboure les terres, traîne les fardeaux, s'engraisse pour notre avantage, nous fournit une chair succulente et un cuir dont nous ne saurions, pour ainsi dire, nous passer. La vache est plus utile encore : elle peut aussi traîner les fardeaux ; elle donne un lait délicieux, le beurre qui assaisonne la plupart de nos mets, et le fromage qui est d'une si grande ressource.

On appelle berger l'homme qui garde les moutons ; pâtre, celui qui veille sur les vaches ; et chevrier, le conducteur des chèvres.

LA FERME.

C'est un plaisir que de voir une ferme bien ordonnée ; tout le monde y travaille : l'un bat le grain dans la grange ; l'autre le vanne : celui-là attèle les chevaux à la charrue ou à la charrette ; cet autre transporte les fourrages et soigne les bestiaux. Les femmes battent le beurre, mettent le lait en forme, donnent le grain à la nombreuse volaille, pétrissent la pâte, chauffent le four, préparent le repas des gens ; tout est en action. Le maître parcourt ses champs, voit les ouvriers ; et la maîtresse, d'un coup-d'œil, anime tout l'intérieur de la maison.

LES PÊCHEURS.

L'HOMME a mis à contribution tous les élémens : les eaux lui offrent aussi de grandes richesses ; il sait en tirer une partie de sa subsistance.

On appelle *pêcheur* celui qui s'occupe à prendre du poisson.

LES VIGNERONS.

LE vigneron a eu bien du mal pendant tout le cours de l'année ; mais il est ordinairement récompensé au mois d'octobre, quand viennent les vendanges. Alors le souvenir de la peine s'oublie, et le travail qui reste à faire ne paroît plus qu'une partie de plaisir. Tous les vendangeurs se répandent dans la vigne, coupent les grappes mûres, les mettent dans des paniers, dans des hottes et les portent à la cuve. On foule le raisin ; on voit couler le vin nouveau, et la joie éclate.

C'est ainsi que Dieu a voulu que les travaux de l'homme fussent couronnes par quelque jouissance.

LES FORGERONS.

Le fer vient de la terre : quand on l'en tire, il ne ressemble guère à ce que vous le voyez; vous le prendriez alors pour une terre noire. C'est à l'aide d'un feu très-ardent qu'on parvient à le mettre en fusion, c'est à-dire à le faire couler comme si c'etoit du plomb.

Le fer est de tous les métaux le plus commun et le plus utile. S'il nous manquoit, la moitie des commodités et des agrements de la vie nous manqueroit aussi. On désigne sous le nom

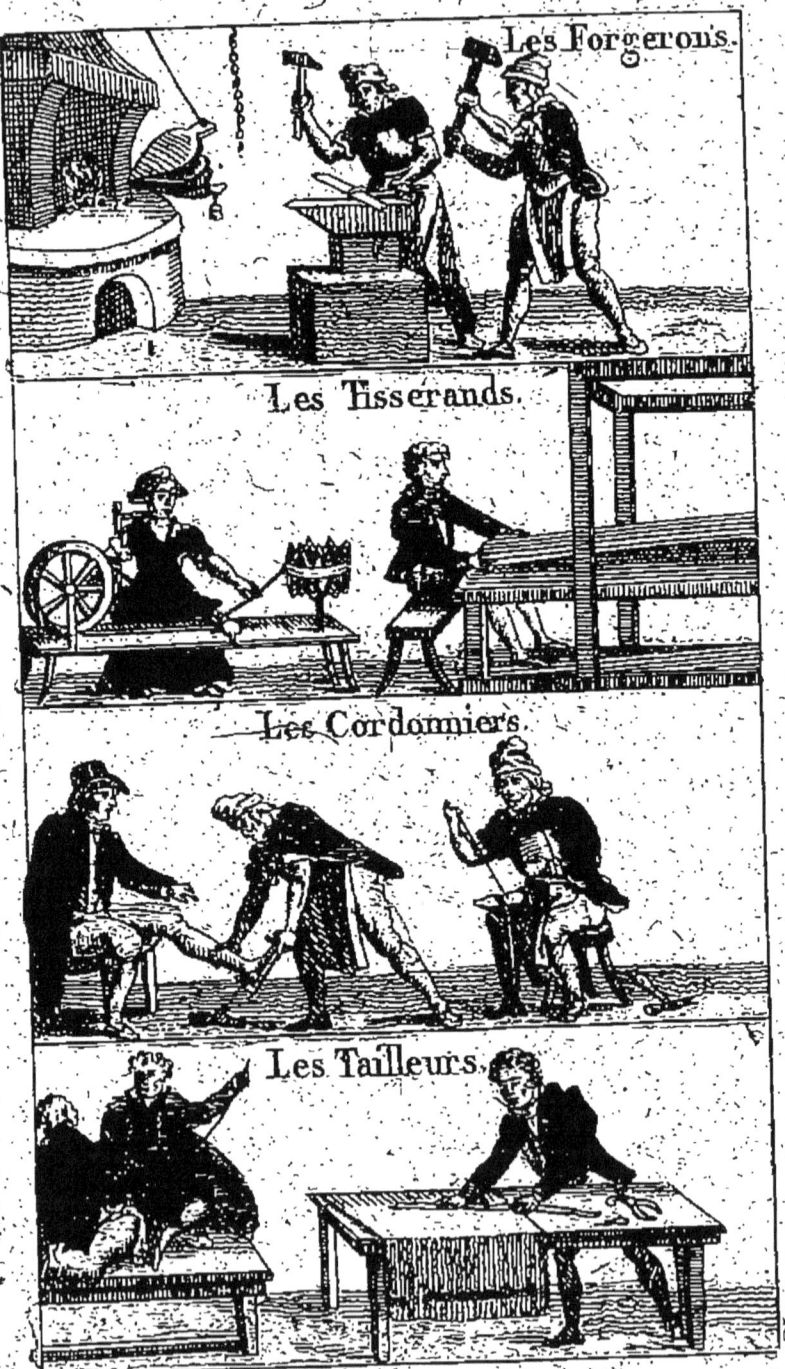

de *forgerons* les hommes qui travaillent le fer.

LES TISSERANDS.

Vous connoissez le chenevis : cette petite graine produit le chanvre ; quand le chanvre est mûr, c'est-à dire quand il commence à sécher, on l'arrache, on en compose de petites bottes que l'on achève de faire dessécher en les exposant au soleil ; on le fait ensuite rouir, c'est-à-dire qu'on le met dans l'eau, et qu'on l'y laisse jusqu'à ce que la filasse se détache du brin de chanvre. Vous savez que l'on file la filasse ; avec ce fil les tisserands font de la toile, et avec cette toile on vous fait des chemises et des draps : voyez quel parti l'homme a su tirer d'un brin d'herbe.

LES CORDONNIERS.

Le cordonnier qui fait nos souliers est aussi un homme très-utile. Le cuir qu'il emploie étoit autrefois la peau d'un bœuf, ou d'un jeune veau, ou d'un cheval, ou d'une chèvre. Cette peau a été corroyée et tannée; cela lui a donné ou plus de force, ou plus de souplesse. La peau du bœuf devient ce gros cuir qui fait la semelle du soulier; le veau, le cheval ou la chèvre fournissent le cuir qui couvre le dessus du pied.

LES TAILLEURS.

On nomme tailleurs les ouvriers qui font les habits d'homme.

Remarquez que nos principaux vê-

tements sont de drap de laine; nous les devons aux moutons et aux brebis: on file leur laine, on la décrasse, on la teint, on en fabrique des draps, des couvertures; et cette même laine, à peu près telle qu'on la coupe sur le dos de l'animal, sert à faire des matelas pour nous coucher. Vous devez juger par-là s'il est important pour nous de nourrir des troupeaux de moutons.

LES MENUISIERS.

Le bûcheron, le charron, le charpentier, le tourneur et le menuisier travaillent tous le bois : le bûcheron abat les arbres; le charron fait les gros ouvrages, tels que charrettes, charrues; le charpentier ajuste les poutres et la charpente des maisons; le tourneur fait principalement des chaises;

et le menuisier fabrique les meubles, fait les boiseries, les portes, les fenêtres, et tout ce qui se trouve en bois dans les appartements.

LES PETITS RAMONEURS.

Voyez ces pauvres enfants qui vont par les rues en criant : Ah ! ramonez les cheminées du haut en bas ! ils sont ordinairement bien jeunes ; cependant ils savent déjà gagner le pain qui les nourrit. Ils arrivent des montagnes de la Savoie, et quand ils auront ramassé quelque argent, ils s'empresseront de le porter a leurs pauvres parents. Pour leur en offrir davantage, ils se réduisent au strict nécessaire, couchent sur la paille, mangent de la soupe et du pain sec. Ces pauvres enfants sont bien noirs et bien sales; mais ils n'en sont pas moins estimables, et meritent qu'on les traite avec douceur quand on les rencontre ou qu'on les emploie.

LES COUTURIERES.

Les couturières font les vêtemens de femmes. Une jeune fille, qui veut devenir une véritable femme de ménage, doit apprendre à coudre et à faire ses habits, si cela lui est possible : par ce moyen, elle tiendra en bon etat le linge de sa famille, épargnera beaucoup d'argent à son mari, et sera comptée avec honneur parmi les bonnes menagères.

LES CHAPELIERS.

C'est avec du poil de lapin ou de lièvre que l'on fabrique les chapeaux fins ; on emploie de la laine pour ceux d'une moindre qualité. Remarquez bien que l'homme a su tout utiliser : rien n'est perdu entre ses mains industrieuses ; les choses les plus viles tournent encore à son profit. Dieu lui a donné l'intelligence, qui lui soumet une partie de la nature, et lui permet de combiner de mille et mille manières tout ce qui a été créé.

DU TRAVAIL.

Dieu a pourvu à tous les besoins de l'homme, mais il a voulu qu'il se donnât quelques peines pour se les procurer :

Ainsi, le blé est une production naturelle qui croîtroit dans les champs comme l'herbe, mais il faut le cultiver et s'en occuper pendant l'année entière pour obtenir une quantité suffisante de grains pour la subsistance de tous les hommes;

Nous avons la laine des moutons, mais il faut la travailler pour avoir des habits;

Les arbres que l'on soigne rapportent de plus beaux fruits que ceux qui sont abandonnés à eux-mêmes;

Les pierres se trouvent partout, mais il faut prendre bien des peines pour en construire une maison :

Ainsi, vous voyez que Dieu a condamné l'homme au travail.

Celui qui reste oisif est répréhensible.

D'ailleurs, le travail honore l'homme et le fait vivre dans l'aisance.

Le paresseur pèche devant Dieu, se laisse aller à tous les vices, et tombe dans la misère.

Ne rougissez jamais de ne devoir votre existence qu'au travail de vos mains ; un bon ouvrier est un homme utile dans la société, et toutes les personnes sages lui marqueront de l'estime.

*Le fainéant seul est **méprisable**.*

Chiffres arabes et romains.

un	1	I.
deux	2	II.
trois	3	III.
quatre	4	IV.
cinq	5	V.
six	6	VI.
sept	7	VII.
huit	8	VIII.
neuf	9	IX.
dix	10	X.
onze	11	XI.
douze	12	XII.
treize	13	XIII.
quatorze	14	XIV.
quinze	15	XV.
seize	16	XVI.
dix-sept	17	XVII.
dix-huit	18	XVIII.
dix-neuf	19	XIX.
vingt	20	XX.
trente	30	XXX.
quarante	40	XL.
cinquante	50	L.
soixante	60	LX.
soixante-dix	70	LXX.

Chiffres arabes et romains.

quatre-vingt	80	LXXX.
quatre-vingt-dix	90	XC.
cent	100	C.
deux cents	200	CC.
trois cents	300	CCC.
quatre cents	400	CCCC ou CD.
cinq cents	500	D.
six cents	600	DC.
sept cents	700	DCC.
huit cents	800	DCCC.
neuf cents	900	DCCCC ou DCD.
mille	1000	M.

FIN.

De l'Imprimerie de J.-B. Imbert, rue de la Vieille-Monnoie, n°. 42.

www.ingramcontent.com/pod-product-compliance
Lightning Source LLC
Chambersburg PA
CBHW061003050426
42453CB00009B/1236